# Antorcha

Juan C. Galán

Aliarediciones

Corrección: Eladia Guerrero
Diseño de cubierta: Jaime Galisteo
Maquetación: Aliar Ediciones

Depósito Legal: GR 1313-2024
ISBN: 978-84-10374-66-9

Impreso en España

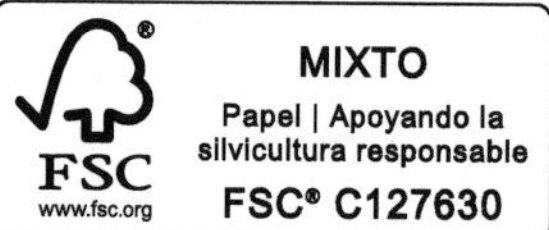


Edita
ALIAR Ediciones
**www.aliarediciones.es**
*info@aliarediciones.es*

# Antorcha

Juan C. Galán

## LAS HORDAS SALVAJES

Todo empezará con una brisa,
con el vuelo errático del mirlo.
Luego: una brecha en el suelo.
Luego: un árbol que se inclina.

Veremos vientos que alboroten los mares.
Veremos estampidas de animales furiosos.
En lontananza, las hordas salvajes.
Uniformes de muerte.
Los caballos veloces. Las espadas brillantes.

Querrán saber la verdad,
pero la verdad es una fotografía
en la que todos estáis muertos.

Primero será una brisa.
Luego, el gran azote.
Cuando de nuevo suenen los tambores,
búscame:
seremos tú y yo, al fin.

## CRUJIDO

Recorre el mundo un crujido
que asola las casas,
que abre las carnes como un puñal de hielo
y penetra hasta el tuétano del hueso.

Recorre el mundo un crujido
que es el grito de la tierra.
Eléctrica emoción,
cambio en los tiempos.
Nuevos ríos, nuevos magmas.
Ya quiere nacer la criatura
y chillar sus chillidos de sílex.

Recorre el mundo un crujido
como de islas que se hunden,
como de árboles podridos,
como de millones de telones que se rasgan.

Habrá pánico, sí,
habrá violencia.
El hombre antropófago,
la muerte en las calles.
Y después...
Después habrá alguien
que se asome al velo desvelado
y mire sin temor al otro lado.

## LA TORMENTA

Todo el mundo habla de la tormenta.
Mis vecinos evalúan los daños.
Se sientan en el suelo
y murmuran su pobreza.
*Hay que seguir*, dice una anciana.
Resignación. Resignación cristiana.

Procesión dolorosa
para ver el árbol derribado.
Con las tripas al aire,
es como el cadáver
de un leviatán de madera.
Los niños juegan
con las ramas desgajadas.
Las blanden como alfanjes.
Las frotan
como si fuesen a descubrir un fuego nuevo.

## LOS PERROS

Los perros ladran de nuevo.
Tenían razón los profetas
al vislumbrar que los perros ladrarían
y el humano entendería.

Habían permanecido en silencio,
mascando su triunfal retorno.
Cruzaban los semáforos en rojo,
se meaban en las esquinas.
Defecaban con libre albedrío:
cubrieron todo un parque
con un manto de heces.
Si tenían hambre, gruñían.

Ahora, los perros ladran de nuevo.
Exigen una confederación canina.
Ladran de nuevo, y a nosotros
se nos han olvidado las palabras.

## ESCLAVISTAS

Conocidos esclavistas claman libertad.
¡Rebelaos!, gritan.
¡Acatad las normas!
¡Acarread la lanza
*que os atravesará el costado!*

El celofán escondía una víbora.
La soledad, un mazo.
Primero, el veneno.
Después, el golpe certero,
el dolor diario.

Rebelión por el retorno
de la mano sudorosa
que nos alimenta de migajas.

## HERIDA

Si me vas a herir, como esperaba,
hazlo con un puñal al rojo vivo.
Que la herida duela.
Que llegue a lo más hondo.

Si me traes el llanto,
que sea consecuencia
de un dolor terrible.
Embóscame en el camino.
Arrebátamelo todo.

Si una pena me reservas
que sea como espada
que, al clavarse,
remueva mis entrañas.

Si vienes conmigo, desdeña la paz.
Emplea tu arsenal. Declara una guerra.
Devástalo todo.
Haz de mi cadáver jardín florido.

## HAY UNA ESPERANZA

Hay una mano gigantesca
que blande un látigo.
Hay una bota infame
que aplasta cabezas.

Hay un muro impenetrable
que impide la huida.
Hay una cesta de guijarros
para saciar vuestra hambre.

Hay una tumba sin fondo
para albergar manos cortadas,
lenguas arrancadas.

Y, sin embargo, hay una esperanza.

Hay un ojo que se abre.
Hay una boca que grita.
Hay un trueno de pasos
que inician un camino.

## LOS SIGLOS

Raíces milenarias, raíces seccionadas.
Sangre de los siglos, sangre derramada.
He venido a corromper vuestros huesos,
a renovar vuestros días.
Os he amado tanto
que no tengo más remedio que odiaros.

He venido a mudar vuestros gestos
antiguos como el mundo.
He venido a trastocar vuestros momentos felices.

Después, ya no volveré a amar.
Después, ya no conoceré.
Después, viviré en la ignorancia,
libre al fin.

## MÁS ALTO QUE LAS BOMBAS

Más alto que las bombas
resuena el estruendo del miedo.
La decisión era fácil:
nueva libertad, nuevas cadenas.

Más alto que las bombas
suena el crujido del odio.
El esputo en el rostro daña más
que una ráfaga de ametralladora.

Más alto que las bombas
suena el rugido del hambre.
El hambre infinita,
primigenia,
legendaria.

Se sucederán las noches,
rotundas como puertas que se cierran.

## CLASE MEDIA

Ya todo está escrito.
Ya todo inventado.
Ya todo es posible,
por tanto,
ya todo imposible.

El universo termina aquí,
en habitaciones impolutas,
en jardines artificiales,
en decadencias monótonas.

Ambición avivada.
Miedo azuzado.

Venid,
venid y observad
a los que se alimentan de tierra,
a los bebedores de lluvia,
a los que amaestran cucarachas.
Observad la humanidad cruda
de los que se calientan con el fuego.
Observad la miseria y su mecánica.
Llegará el día
en el que no veréis más estas cosas
sino el movimiento atroz
de masas de gentes desaforadas.

Ese día será,
y será el último.

## SOBRE LA COBARDÍA

Es el baño
la estancia que prefieren los cobardes.
Los cobardes, como yo.

Si en la casa hay un tráfago,
en la calle un incendio,
en el mundo un crujido.
Si se estremece el mar,
buscamos, los cobardes,
la sombra de un retrete silencioso
y en el acto de desoír
y de desovar
dibujamos universos nebulosos.

Mientras la grey asesina
escalaba esta mañana, cual araña,
manos y pies por la fachada.
Cuando ya oía sus ladridos cadentes
cerca de la ventana,
hallé parapeto en el baño sencillo.
A los bolsillos las manos.
Los ojos al techo amarillo.
Mientras destrozaban los cristales
y ya amartillaban los fusiles,
caí en la cuenta,

se me llegó directo a la sesera,
que estropeada estaba,
desde hacía unas horas,
la cisterna.

## UN DOLOR MÁS TENUE

Somos un millón de corazones
que anhela un millón de corazones.
Un latido que se desvanece
que se une a otro latido
para formar un único pálpito,
gigantesco.

Somos una ráfaga infinita,
un carrusel de gestos y de voces
que gira imparable y cegador.

Buscamos la alegría entre las sombras.
Solo eso.
Solo ansiamos un dolor más tenue,
más leve,
que el enorme dolor universal
que marca el ritmo del tiempo
y las lindes del espacio.

Hemos entregado nuestras vidas.
Ya todo está dicho.
Estamos prestos para partir.

## NO ME AMES

No me ames.
Yo solo estoy hecho de pasado.
Esto que ves ahora frente a ti
no soy yo.
Es un ser desnudo y desollado.
Nada más que un esqueleto
que aguarda un descanso.

No hay amor en el presente,
así que no me ames.
Pero si es amar tu único objetivo,
si te salen las ansias por los poros,
entonces ama aquello que no fuimos.
La resaca de los días.
El pasado imposible
y el futuro improbable.

## GUERRA LEJANA

Guerra lejana. Guerra perpetua.
La duda:
desoladora como una bomba de racimo.

Guerra: te estábamos esperando
y aún nos sorprendes
como sorprende el granizo en invierno.
Todo lo destruyes como el frío abrasador.

Indiferencia: te maldigo.
Nos ocultas a la gente que sufre el mundo.
Nos mueves a tu antojo.
Nos convences de que todo es presente.

En silencio
los soldados bajan la cabeza
ante toneladas de carne muerta.
Carne de vertedero.

No abras la puerta.
Cierra las ventanas.
Afuera solo hay horror.
Tú serás la primera víctima.
Tú eres la guerra.

## EL OTRO HOMBRE

En el crepúsculo trémulo del norte,
hacia un horizonte negro y ominoso,
vi partir a un hombre
rodeado de un aura nacarada
como una mortaja.

Yo fui ese hombre
que prometió su regreso.
Y hoy ha vuelto.

Porta consigo instrumentos de tortura:
porta un espejo;
porta un diario.
En él ha escrito
las maravillas de sus días,
las que jamás yo he tenido.

Luego, ese hombre se ha ido
dejando tras de sí
el pútrido aroma de la vida
y una pregunta en el aire:
¿Quién añora haber sido el otro?

## ESPÍRITU

¿Eres tú este espíritu
que me acecha en cada esquina?
No sabía que tú ahora fueras el viento,
el misterioso soplo que me habita.

No sabía que fueras
todo este cielo incandescente.
Hoy, solo cielo.
Solo cielo.

No sabía que fueras
la furia del porvenir,
el espíritu de ira,
la canción que entona
este ejército que marcha hacia la muerte.

## ESTIÉRCOL

Es necesaria la tristeza.
Es obligatorio el llanto.
La lamentación es norma.

Camúflate en la bruma.
Nútrete de lluvia.
Camina en soledad.

Llega siempre más allá:
hasta el estiércol,
hasta el barro.
Hasta la mugre de los días sin pan.

Es menester alumbrarse con velas.
Es ley trocar los axiomas.
No confíes en la inmutabilidad que pregonan.

Abandónate al dolor. El dolor salva.
No hay en la desgracia enseñanza.
Si entiendes eso, habrá esperanza.

## MI PRIMERA SANGRE

Llévame de nuevo al matadero
para ver si mi sangre sigue allí.
Quiero ir tras su rastro
para encontrarme.

Mi primera sangre manó a borbotones
y en el suelo brotaron
flores frescas.

Llévame otra vez por la calle mojada,
por las aceras que rezuman lejía.
Correr en la mañana ácida
bajo un cielo amarillo
que se cae a pedazos.

Los animales mueren de madrugada.
Su primera sangre. La última.
Sale a chorros la muerte de acero.
Su última sangre conforma mis huesos.

Llévame de nuevo al matadero.
Allí tuve mi primera sangre
a cuchillo y a piedra.
Esa herida interminable
aún sigue abierta.

## DOMINGO

Noche de esperanza
víspera de nada.
Domingo.
La ciudad arrasada y vuelta a arrasar
por bombas de hastío.

En domingo
hay gente
que le desea la muerte a otra gente.
En domingo
los sanatorios abren sus puertas
y ancianos meriendan
en cafés decadentes.

En domingo
todo está desierto en este islote antiguo
que quiere olvidar el mar
y regresar a tierra
solo por notar algún contacto.

Una chica cansada
ase las manos de un chico asustado.
En domingo,
los amantes no se aman.
¿Qué luz
les alumbrará mañana

## NUEVO EJÉRCITO

En ojos encendidos
de animal hambriento.
En el sosiego de la plaza
en la que hombres charlan
y escupen en el suelo.

En el pensamiento hueco;
en la sonrisa falsa del traidor.
En la frialdad del que calcula
el peso de la piedra
que te aplastará la cabeza.

Ahí se organiza el nuevo ejército
que defenderá todo lo que odiamos.
El ruido de sus botas
será el himno de nuestra victoria.

## ANTES DE LA CATÁSTROFE

Las gentes ya no esperan nada.
Viven, sin más,
a merced de la inclemente consecución
de unos días que son el mismo día.

Ya no recuerdo los rostros de aquel tiempo
ni las risas,
ni los mediodías tiernos,
ni las quietudes,
ni las miradas limpias.
Mi memoria
es solo una casa en ruinas.

Ya no recuerdo cómo era esta ciudad
antes de la catástrofe.
Antes de que la tierra ardiera.
Se quedaron mudas las calles de piedra.

Yo aún quisiera
traerte maravillas.
Como antaño gritar las alegrías,
pero recordar y morir es todo uno.
Las horas insondables son
como la tumba fría
que un día será nuestro refugio.

## QUE NO SE SEPAN LOS MUERTOS

Que no se sepan los muertos.
Pasad de puntillas.
Un poco de empatía:
es la hora de comer en Washington,
es la hora de cenar en Madrid.

Nada de cifras.
No mencionéis a los niños.
No digáis que jugaban dulcemente.
No habléis de su frenesí sobre la arena,
ni del estimulante sabor del sudor,
ni del tierno deseo recién descubierto.

Disfrazadlo de rutina.
Están en guerra. Estas cosas pasan...
Las guerras lejanas
son siempre eternas.

## CAMINANTES

Atrás la tierra maldita y seca,
el hogar campesino y palpitante.
Os enturbia las pupilas
la mirada triste del caminante.

El norte.
El norte os abre sus brazos de bruma,
sus brazos gélidos.
El norte...
El norte no os promete nada.
Solo quiere vuestra sangre apaleada.

Pasarán los años
y no tendréis memoria
salvo del hambre,
del hambre que me conforma;
salvo del horror,
el horror indefinible
cincelado en vuestros ojos.

Descalzos sobre el barro,
caminantes,
no imaginabais que hoy
yo
estaría buscando aún
una respuesta a vuestras preguntas.

## LO QUE QUEDA

He visto tu herida profunda,
la sangre a borbotones,
el hueso al descubierto.
La piel que ya no es piel, sino derrota.
El desaliento eterno vi,
y la amargura.

Era el mundo un concepto desvaído,
un detrimento de las cosas,
una podredumbre de los cuerpos,
un hogar inaccesible.

Te vi arrastrarte, y aún pedían más.
Querían tu carne desollada.
Pero no te quebraron.
Cuando todo terminó, en holocausto,
aún quedabas tú en mi memoria.

## PHARMAKOS

He comprendido el dolor,
el dolor que ilumina
como una sombra penetrante.

Detendré la vida en un instante
y aspiraré todos los aromas
y me mezclaré con todos los colores.
Y gritaré a las gentes:
«¡Yo soy vuestro dolor!».

He venido a ser vosotros.
Salvadme.
Heridme.
Que pronuncien vuestras lenguas improperios,
enciclopedias infinitas de reproches.

Necesito que vuestro alfanje
desgarre mi carne.
Vaciadme
para que pueda otra vez llenarme de dolor.

## VIVIRÁS AQUÍ

Desde hoy vivirás aquí,
entre las columnas de humo
y los ríos de sangre
que palpitan bajo el suelo.

Tu ciudad de vidrio y hierba
ha volado por los aires.
Tus hermanos ya te añoran:
se rompen el cráneo
a golpes contra muros de olvido.

Lo ordenan todos los edictos.
Todos los parlamentos del mundo
han acordado que, desde hoy,
vivirás aquí.

Aquí,
donde la tierra grita
harta de ser partícula inmóvil.
Aquí,
donde se agotan todos los sueños.
Soledad de soledades.
Tu único alimento será tu carne.
Tu único bálsamo:
la savia que supuran los recuerdos.

Vivirás aquí
por haber creído que el mundo era vasto,
los caminos anchos
y los días infinitos.

## UN HOMBRE QUE SUFRE

Entre este solaz sonoro y palpitante
hay un hombre que sufre.
Hay un hombre que es todos los hombres.

Se va destejiendo lo tejido.
Se va desvelando lo velado.
Todo es silencio y frío.

Hay un hombre que sufre
porque ya no verá más primaveras.
Porque ya su piel no rozará otras pieles.
Porque todo queda, pertinaz.
Todo pasa.
Todo duele
aunque quiera el alma que no duela.

Un hombre sufre
porque han tocado sus manos tantas cosas…
Y han pisado sus pies el mundo entero.

Alguien ríe sin querer haber reído
una risa que viene de otra vida,
una risa del futuro
que no verán los ojos de este hombre que sufre
y que es todos los hombres.

## NO PERTENEZCÁIS

No pertenezcáis.
No permanezcáis.
Sed sigilosos.
Pasad rápido
como un desfile de suspiros.

No pertenezcáis.
No deseéis el placer eterno en vuestra piel.
Cuando el corazón deje al fin de latir,
seréis hermosura.
Seréis
una inabarcable colección de destellos.

No permanezcáis.
Si por azar alguien os recuerda,
que sea como lluvia,
que sea como luz que parpadea,
        alegre,
para señalar una senda nueva.

No pretendáis ganar.
Esa será la victoria más brillante.

## FUTURO

Me asignarán una casa minúscula
para que pueda correr por sus pasillos
y bailar sin fin por sus estancias.

Flores hediondas
habrá en el jardín que me han reservado.
Con ellas haré perfumes nuevos.

Instalarán una puerta diminuta
para que pueda derribarla a patadas.

A una hoguera echarán todos los mapas
para que pueda seguir buscándote.

Cegarán mis ojos
para que siga viendo los cielos de la infancia.

Aniquilarán toda esperanza
para que llegue a la diáfana conclusión
de que mañana regresaré al fin.

## EL REINO DE LOS CIELOS

Nadie manda en mi miseria.
En esta tierra podrida,
en su sustrato viciado,
en la piedra desgarrada,
nadie manda.

No se guían mis cosechas por la luna.
No hay gobiernos en mi miedo.
Cien veces mejor mi estiércol
que vuestro fruto selecto.

Mi idioma no tiene reglas.
En paredes de cartón
mi rabia escribo.
En el techo dibujo
corazones destrozados.

Este es mi reino de los cielos:
brazos que se encrespan
y apuntan a las nubes
como diciendo: *Ya no os temo.*

## EN EL MOMENTO JUSTO

En el momento justo, en el lugar adecuado.
Al fin...
Estar en el momento justo
y en el lugar adecuado
y que no ocurra nada.

Estuve en habitaciones sin ventanas.
Anduve por calles vacías.
Vi jaulas llenas de gentes libres.
Transité por desiertos sin arena.

Alguien me dio un arma sin gatillo,
un puñal sin filo,
una bomba sin mecha.
Cuando declaré la guerra
ya habían firmado la paz.

Cuando aprendí a reír
se decretaron cien años de hastío.
Intenté ayudar a un indigente millonario.
Recuperé la memoria
en tiempos de olvido.
La frustración dominó el mundo
el día en que me sentí satisfecho.

Asalté, al fin, mi casa,
como un ladrón hambriento y malherido,
pero yo ya no estaba.
Pero tú, me dijeron,
ya te habías ido.

## VIAJE

Ya no es camino el camino.
Ahora, es árbol.
No son piernas ya mis piernas
sino barro.

El barro ya no es barro.
Ha enfangado los senderos
que conducen a tu casa,
que ya no es tu casa.

Voy en un tu busca en un tren
que ya no es tren,
sino hogar de fantasías,
de ansias de estrujar el planeta,
de acabar con su redondez eterna.

Ya no es vía la vía.
La maleza ha crecido.
El viaje se hace denso.
Quizá no llegue nunca.

Todo se mueve de nuevo.
Todo vuelve a su ser.
Yo no sé si este viaje ya lo he hecho
o si nunca lo haré.

## A UN AMIGO MUERTO Y DESENTERRADO

Volvía a latir mi corazón.
Te creía vivo.
Pero el corazón se equivoca.

Ahora eres
una nomenclatura de muerte
y desamparo.
Eres la geometría
de los senderos por los que te fuiste.
Eres la miseria
de estos días sin fin.

Te imagino
andando ligero por las laderas del mar.
Dirigirte a tierras verdes
más allá de este estrépito.

Sé que vives.
Te busco en hondonadas.
en abismos,
en las noches ligeras.

Te encontraré para volver a huir,
contumaces.

## ATAQUE FINAL

Correr por las aceras hasta hacerlas sangrar,
hasta que el cemento supure su jugo brillante
de pasos atormentados.

Rehúso, aquí y ahora,
el hogar confortable
donde habitan
todos los fantasmas de la historia.

Abrázame como antaño,
con los dedos hincándose en la carne.
Como antaño,
como si nos aguardaran maravillas.

Acamparé en un prado fresco y soleado,
lejos de las gentes.
Diseñaré mi ataque final
contra todos los lugares amados.
Los pisotearé, a tu señal,
hasta que sangren.
Hasta que sangren de alegría.

## MARAVILLA

Maravilla de maravillas
el verte vivo a ti,
embrión de agonías,
alma de suicida involuntario.

Maravilla es verte vivo a ti,
que arrastrabas noches de difuntos,
campanas de invierno,
compañas llorosas en tardes lluviosas.

Maravilla es encontrarte
entero,
adusto,
con el rostro anunciador de mil desgracias.
Encontrarte mientras buscas,
con cara de ermitaño,
el martillo que al fin destrozará
entera la osamenta de tus años.

## LLANURA INEXPLORADA

Aquí estamos
con las heridas al descubierto,
con la piel llagada,
con los brazos desollados,
con mil rasguños en el rostro
de andar a puro tiento por el bosque.

Aquí estamos,
confederación de desahuciados,
de caminantes forzosos
con un fusil hecho de tiempo
contra la garganta.

Aquí nos quedaremos,
sobre esta hierba húmeda y virgen.
Doblegaremos la línea de hierro
del tiempo recto.
Haremos de este jardín
el punto de salida
hacia una luz tenue que se atisba a lo lejos,
quizás en otro mundo,
y que se llama vida.

## TALES MAGNITUDES

Tales magnitudes.
Tales superficies.
Tales alturas y profundidades.
Todo lo que palpita en tales interiores.

Despliégate, cielo.
Regocíjate, penumbra.

Vaga, mente.
Florece.
Revélame cada resquicio,
cada relieve,
cada gravidez.

Tales magnitudes.
Tales superficies
hinchadas como un pulmón que inhala.
Solo somos este destello que perdura.
Solo somos este segundo interminable.

Ya llegan los caballos ligeros
al trote por la pradera,
exhalando las palabras que queremos oír:
*Nada. Nunca. Nadie.*

## UN IMPERIO

Varados en la orilla
de este mar amargo,
con la espalda quebrada,
vislumbramos un orbe vacío y frío.
Somos una colección de adioses
presa de los vientos del olvido.

Ahora ya no existe el mundo.
Por eso, ahora es nuestro momento.
Nombremos todo lo que salga a nuestro paso.
Árbol ya no será árbol.
Amor ya no será amor.
La muerte que espera será vencida:
solo está hecha de tiempo
y nosotros reinventaremos las horas.

Somos el despertar,
el solaz límpido y brillante.
No tendrá descendencia nuestra sangre
ni buscarán nuestras almas ningún cielo.
Quizás no construiremos un hogar
pero edificaremos un imperio.

## LA DUDA

¿Por qué detuve aquí mi camino
de vidas antiguas y noches eternas?
Elegí la tormenta para ver la luz,
la crepitante aurora de otoño
para salir de las tinieblas.

¿Por qué nacer sin llanto?
¿Por qué desgarrar el vientre de mi madre?
¿Para qué la vida?
La salvaje vida...

¿Para qué mi grito primigenio?
¿Para qué las congojas,
las tentaciones?
¿Para qué todo el dolor?
Para llegar a este momento.
Para llegar a esta duda.

## ESTA ES LA SEÑAL

Dormimos con la certeza
de que mañana todo seguirá en su sitio.
Mantengámonos, pues, en vela.

Comemos
con la confianza en el alimento eterno.
Hagamos, pues, ayuno.

Caminamos
convencidos de la profusión de los caminos.
Cortémonos, pues, las piernas.

Hablamos
con la promesa de que seremos oídos.
Permanezcamos, pues, mudos.

No esperéis nada. Todo ha cambiado.
Si estabais aguardando una señal,
esta es la señal.

## DESNACER

Tanta confusión...
Yo solo quiero desnacer
y nacer de nuevo a la luz
con tu carne y tus huesos.

Tanto desmán...
Yo solo quiero el día en reverso.
Que amanezcan estrellas.
Que el sol me guíe
en la noche abrumadora
por la paradera de tus muslos
de nuevo a tus entrañas
que son como mañanas.

Tanto silencio...
Yo solo quiero volver a los días de trueno,
a la fanfarria de tu risa,
a la sinfonía de tu llanto;
con procesión de tambores dolientes
regresar al pandemónium de tu alma.

Tanto dolor...
Tantas llagas,
tanto martirio en esta piel inservible.

Tanto terror
que yo solo quiero desnacer
y renacer después con tu cuerpo deslumbrante,
mujer.

## PARA QUE TODO EMPIECE DE NUEVO

Para que todo empiece de nuevo
hay que arrancarse las ropas
y caminar desnudos por las calles.

Quemar los manuscritos,
los catálogos,
las páginas que cuentan
la historia universal.

Para que todo empiece de nuevo
hay que despertar en una cama vacía
y luego penetrar el alma de las gentes.

Para que todo empiece de nuevo
hay que renombrar el mundo.
Hay que renombrar la paz.
¿La paz de quién?
¿De quién la guerra?

## ANTORCHA

Me sospecho un coro de torpezas,
un error de concepto,
un «no» en vez de un «sí».

Me intuyo disonante.
La vida
es un cúmulo de ideas que detesto.

Este corazón se ha descarriado
en pos de una hoguera que aún arde.
Hay tiempo de sobra para incendios.

Que las llamas cobren vida.
Que les crezcan miembros.
Que les nazcan ojos que, al mirar,
abrasen el orbe entero.

Y, después,
pasar por el mundo como antorcha:
fuego que ahuyente el peligro;
luz que alumbre la tiniebla.

## PORQUE YO VIVO

Para que yo hoy pueda hablar
cientos de lenguas fueron cortadas.
Para que yo hoy pueda escribir
miles de manos fueron cercenadas.

Llevo en la sangre el anhelo.
Cien conspiraciones me conforman.
Los pies descalzos.
El pavor.

Para que yo hoy pueda caminar
millones de piernas fueron seccionadas
por la atroz espada del olvido.

¿Cuánto amasteis
para que yo hoy pueda odiar?

No sois polvo en el viento.
No habéis muerto.
Vivís porque yo vivo.

# Índice

*Este libro se terminó de editar en Granada*
*en septiembre de 2024 por*

Aliarediciones

www.aliarediciones.es
*info@aliarediciones.es*